UN ÉLECTEUR NON ÉLIGIBLE

à tous les Électeurs non éligibles.

QUESTION

D'ÉLIGIBILITÉ DE LA JEUNESSE,

PAR

M. Constant DEVAUX.

PRIX : 50 CENTIMES.

PARIS,

IMPRIMERIE ADMINISTRATIVE DE PAUL DUPONT,
Rue de Grenelle-Saint-Honoré, 55;

Dépôt chez **Jules LAISNÉ**, passage Véro—Dodat, 7;

ET CHEZ TOUS LES LIBRAIRES.

1848

UN ÉLECTEUR NON ÉLIGIBLE

A tous les ÉLECTEURS non Éligibles.

RÉPUBLIQUE FRANÇAISE.

Liberté, Égalité, Fraternité.

Le Gouvernement provisoire de la République décrète :

ART. 6. — Sont Électeurs tous les Français âgés de 21 ans ;
ART. 7. — Sont Éligibles tous les Français âgés de 25 ans.

(Extrait *du Moniteur du 5 mars* 1848).

Je ne retracerai pas les événements des immortelles journées de
février. L'histoire nous dira comment et pourquoi le peuple se sou-
leva ; elle nous rappellera cette nuit à jamais mémorable du 24 ;
le bruit de cette fameuse décharge d'infanterie qui coucha sur la
terre une foule de cadavres, mêlé aux ombres de la nuit, jeta l'ef-
froi dans tous les cœurs ; on aurait dit un incendie général de
Paris ; les cris aux armes de tous côtés répétés, la générale battue
dans toutes les rues, les maisons s'illuminant presque subitement,
les portes s'ouvrant précipitamment, donnant passage à des citoyens
armés se rendant à l'appel, et les allants et venants, et le bruit
confus, et l'agitation générale, et les barricades commençant à s'é-
lever, les rues dépavées, les voitures renversées ; chacun agissant
sous l'empire d'une terreur inconnue, d'un élan universel ; mais,
tous, dans un même but, se défendre ; tous, dans une même pensée, se mettre en garde contre une nouvelle trahison ; car on

1

n'ignore pas que ce mot a fait la révolution. Nous sommes trahis !
criait-on de toutes parts ; vengeons-nous , vengeons-nous , ou mou-
rons ! et par-dessus tout, cet immense concert de voix qui monte
au ciel. Les cloches sont en branle, le bourdon de Notre-Dame,
qui porte avec lui une pensée souvent sinistre, gronde sourdement;
il appelle aux armes tout le peuple de Paris : le peuple lui obéit ;
car il croit reconnaître la voix de Dieu dans ce bruit parti des clo-
chers de la métropole. Quel spectacle ! que c'est beau ! comme ce
sinistre est sublime ! on sent qu'un grand drame va se jouer ; que
les têtes sont en jeu, et tout le monde crie et tout le monde court ;
l'enthousiasme de la liberté anime tous les cœurs ; il fait puissam-
ment fermenter toutes les passions des hommes. Un ciel sombre,
une obscurité presque complète, tout cela prête au tumulte, à
l'agitation , à la vengeance ; le calme succède au bruit, mais
pour être de courte durée, et bientôt les cris redoublent, l'agitation augmente, et la nue est sillonnée d'éclairs : ce sont des fusillades, des canonnades, des engagements sérieux entre la troupe et
le peuple ; sur tous les points, il y a un germe d'incendie ; nuit af-
freuse pour ceux même qui ne se battirent point ; car le sommeil,
ne voulant pas fermer leurs paupières, leur donnait une insomnie
de crainte, d'incertitude. Je crois qu'il faut remonter bien avant
dans notre histoire pour en trouver une semblable ; et la Saint-
Barthélemy, seule, au signal des cloches et sur le coup de minuit,
annonça aux Parisiens que c'était une nuit de meurtre. L'histoire
nous dira aussi que le jour ne fit pas cesser le tumulte : au contraire, les décharges devenaient plus régulières, et les blessés et
les morts étaient en plus grand nombre. Le matin, il n'y avait pas
une rue qui n'eût une ou plusieurs barricades défendues par les
vaillants combattants de la nuit : l'un montrait sa blessure, l'autre
désirait obtenir ce trophée patriotique, et tous sous les armes, et
tous prêts à combattre, et fraternisant avec la garde nationale.
Dans la matinée, c'est plus sérieux, les postes sont attaqués et pris,
des courages se révèlent, une noble audace se montre, la mort est
bravée, presque avec mépris, et ses victimes excitent encore le
courage des combattants. Quels dévouements tragiques ! quels
moments sublimes ! que c'est beau cet élan des masses: c'est le

flux et le reflux de l'Océan, ce sont les vagues de la mer ; il imite leur mouvement, il avance, il recule ; il avance et recule encore ; mais, enfin, il avance pour ne plus reculer. Les chants patriotiques retentissent dans les airs : le peuple est vainqueur ; il crie victoire ! tout tremble sous ses pas, tout cède à la pression de son bras puissant et il fait voler en éclat les portes du palais des rois.

Si l'histoire vous parle de ces nouveaux vainqueurs, elle n'oubliera pas leur calme et leur réserve ni l'esprit qui les animait ; elle vous dira comme ils conservèrent le bien de tous. C'est que s'ils connaissaient l'immensité de leur victoire, ils savaient aussi quels yeux étaient fixés sur eux. Oh ! combien leurs ennemis étaient attentifs à leurs plus petites actions pour diminuer leur mérite, les déprécier aux yeux de tous ! Ils savaient être les acteurs de ce grand drame dont le plus grand mérite serait le respect pour tous ; ils savaient, enfin, qu'ils travaillaient à l'œuvre du dix-neuvième siècle. Le plus grand événement de notre époque sera, sans contredit, ce mouvement populaire ; et voulez-vous savoir la raison de ce calme, ils la trouvent dans leurs besoins, dans leur amour de l'amélioration des classes ; le peuple se souvient toujours qu'il n'est qu'une seule famille, et que tous ses membres doivent se soutenir les uns les autres ; il ne veut pas avoir à rougir de ses actions ; il ne veut pas que *le flot qui l'apporta recule épouvanté* ; il en trouve la raison dans sa conscience ; or, sa conscience, c'est la voix de Dieu ; il veut la liberté pour tous ; il en trouve la raison dans Dieu même. L'homme n'a-t-il pas été créé libre ? Dieu lui donna-t-il un autre maître que lui-même ? N'a-t-il pas entendu le laisser jouir d'une liberté entière ? Comment supposer le contraire ? Quoi ! cette essence divine, qui constitue la plus noble partie de nous-même, l'intelligence, aurait été condamnée à ramper ; Dieu, après avoir puni le premier homme de sa désobéisance, aurait osé lui infliger cette peine ; l'âme eût refusé ; elle n'eût pas voulu être esclave à ce point ; et la preuve que Dieu ne lui infligea pas cette peine, c'est qu'elle sent toujours sa première origine ; elle sait être une partie de Dieu lui-même, et elle ne veut pas déroger d'un si noble auteur.

On peut donc dire que Dieu était avec nous et pour nous ; une preuve matérielle pourrait en être donnée : dans une saison où la température est changeante, a-t-on vu, pendant ces trois jours, les éléments se déchaîner, les cataractes du ciel s'ouvrir et noyer, dans un déluge, les insensés qui voulaient changer l'ordre établi ? Non, au contraire, pendant ces jours-là, une température douce, régulière, et le 25 au matin, alors que les mortels étaient plongés dans le sommeil, le soleil se levait tout radieux à l'horizon, il semblait encore sourire à la victoire.

Oui, Dieu était avec nous, et s'il eût voulu parler aux hommes, autrement qu'il ne le fait dans leurs consciences, s'il eût revêtu pour un instant des formes humaines qui l'eussent rendu visible à tous, il serait descendu des cieux porté sur le soleil, et de cette voix qui n'appartiendrait qu'à lui, il aurait dit, du haut de son trône de lumière : L'heure est sonnée, réveillez-vous, mortels !...

Notre révolution est accomplie, le peuple français est maître de ses droits, il les a reconquis, et il y tient comme à une conquête ; il luit enfin, dans toute sa force, ce soleil de la liberté ! la France, désormais, doit guider tous les peuples : un flambeau vient de s'allumer dans son cœur ; puisse-t-il, comme un phare dont la tête se perdrait dans les nues, éclairer l'univers ! C'est un volcan qui vient de se révéler sur notre patrie, son cratère est en feu, sa lave brûlante va couler sur toute la terre et consumer sur son passage les débris de l'esclavage.

La République est établie en France ! La voyez-vous, cette femme magnifique ; quelles admirables proportions, quelle taille gigantesque ! son pied touche le sol et elle rafraîchit son brûlant cerveau dans les nuages ; c'est la reine du monde, c'est une 8e merveille.

Ces mots de république et de révolution résonnent mal aux oreilles des rois, et peut-être même à celles de quelques peuples : ils résonnent mal aux oreilles des rois, parce qu'ils portent avec eux une hache qui doit saper dans leur base ces vieux préjugés, ces vieilles maximes, ces routines, ces préceptes de conduire les peuples comme des créatures au-dessous d'eux ; ils ébranlent leur puissance. Ils sonnent mal aux oreilles de quelques peuples, parce qu'ils n'en connaissent pas la véritable signification ; l'ignorance où ils sont des améliorations qu'ils poussent forcément devant eux leur fait considérer comme un monstre ce qui n'en est pas un ; puis, ceux qui ont intérêt à les laisser dans cette ignorance ne manquent pas de leur rappeler les excès dans lesquels sont tombés nos premiers réformateurs ; ils font semblant d'ignorer qu'une même cause produit souvent des effets bien différents ; ils ont grand soin de ne pas leur dire qu'alors les Français ignoraient ce que c'était que la liberté ; c'était un bien si nouveau pour eux qu'ils ont bien pu s'égarer et ne pas connaître le véritable chemin qu'ils devaient prendre, et de cette ignorance seule sont nés tous ces excès, qui ont pour excuse la crainte où ils étaient de perdre le fruit de leurs travaux ; oui, de là ces désordres que nous déplorons tous, ces scènes de carnage, de meurtres, que nous ne pouvons lire sans fermer les yeux, car alors le livre devient un tableau vivant, tant il frappe notre imagination ; nous rougissons de voir combien ils ont été aveugles, et combien la peur de perdre ce qu'ils possédaient les a fait tomber dans des erreurs indignes du nom français.

Oui, ceux qui ont intérêt à abuser les peuples, à ne leur pas donner des mots le véritable sens, ne leur disent pas tout cela ; au contraire, ils mentent impunément, en dénaturant ces faits, mais nous répondrons à ces peuples qui les croiraient : autres temps, autres mœurs : le Français n'est plus novice dans la pratique de la liberté ; non-seulement il connaît le véritable sens de ce mot, mais il sait aussi ce qu'il faut faire pour réaliser ce que comporte son véritable sens, et la preuve, il vous la donnera. S'il ne la donne pas, vous aurez raison de rester dans l'esclavage ; vous aurez la preuve que l'esclave vaut mieux que l'homme libre.

Vous demanderez peut-être comment il se fait que les Français ne soient pas encore heureux après cinquante années de combats pour cette liberté ; pourquoi, direz-vous, sont-ils toujours en révolution ? Pourquoi chassent-ils des rois qui leur avaient octroyés les chartes demandées ? Ils ne sont pas encore heureux, parce que tant qu'un bonheur n'est pas parfait ce n'est pas le vrai bonheur ; ils sont toujours en révolution, parce que ces grands mouvements populaires, ces commotions générales sont les seuls moyens par lesquels il puisse arriver à être heureux ; c'est par cette voix, que vous nommez révolution, qu'ils font entendre leurs volontés, leurs vœux, leurs besoins ; ils chassent des rois, parce que les rois tiennent ce qu'ils ont promis, mais ne marchent pas avec les besoins nouveaux ; ils ne connaissent pas les exigences nouvelles, ils ignorent ou semblent ignorer le progrès des lumières ; ils ne veulent se départir d'aucun point, ils croient leur couronne en danger par le sacrifice de quelques concessions ; enfin, ils tiennent à ce qu'ils ont donné ou obtenu aussi impérieusement ; que les rois absolus tiennent au droit qu'ils nomment divin ; ou bien les rois ne tiennent pas ce qu'ils ont promis, ils veulent reconquérir peu à peu cette autorité qu'ils n'ont cédée qu'à regret ; par des subtilités artificieuses, ils interprètent la loi dans un sens autre que le véritable, et cela contrairement aux intérêts des peuples.

Voilà pourquoi les Français ne sont pas heureux après cinquante ans de guerre ; mais patience, ils marchent à grands pas, ils approchent du but, ils viennent en peu de jours de faire une longue route : encore quelque temps et ils pourront donner au monde le spectacle du peuple le plus heureux de la terre ; et ce qui doit donner une grande confiance en lui, c'est la tournure toute pacifique des choses, c'est la franchise des déclarations, c'est le langage dénué d'artifices et auquel il n'est pas difficile de se méprendre, et la justice préside à tout, le calme est partout.

C'est aussi cette justice qui me porte à écrire cette brochure, dans l'espérance que ce calme sera une raison de plus pour acquiescer à ma demande.

Je ne me fais pas illusion sur la tâche que j'entreprends ; je crois par avance ne pas réussir, mais cela ne me rebute point et ne m'empêche pas de porter à la connaissance de mes concitoyens quelques observations sur le décret du 5 mars ; cette tâche est d'autant plus grande que je m'adresse d'abord au gouvernement provisoire, qui agit par le commandement du peuple, la seule autorité aujourd'hui reconnue ; au gouvernement provisoire, dont les membres justement appelés dans un moment de trouble, ont su, par leur courage et leur fermeté et encore plus par les sentiments généreux et patriotiques dont ils sont animés, rétablir promptement la paix, faire cesser sans effusion de sang cette révolution qui, sans eux, eût pu devenir une guerre civile ; ils ont sacrifié leur vie pour le salut de la France, car si le gouvernement républicain n'eût pas prévalu, ils étaient désignés à la haine et à la vengeance du parti vainqueur ; je ne puis trouver d'autre raison de leur conduite, que dans leurs opinions nettement posées, bien connues et partagées de ceux dont ils ont eu les suffrages, et s'il faut rapporter à leur louange un bruit qui a frappé souvent mes oreilles, il prouve combien nous leur sommes redevables et combien notre reconnaissance doit être grande ; ce n'est qu'un bruit, mais dans ce moment un bruit c'est l'expression de la pensée de tous, c'est la vérité.

« On ne dirait pas, disait-on, que nous sommes en révolution, tout est calme et tranquille, j'ai peine à m'y habituer, n'est-ce pas un rêve ? Comment, il y a quelques jours, Louis-Philippe régnait sur les Français ; il semblait fortement assis sur le trône , entouré d'une famille nombreuse, liée par des alliances à plusieurs souverains, une fortune plus que royale qui lui donnait une grande importance comme propriétaire foncier ; dans la Chambre, une majorité imposante sortie tout récemment des élections générales, avec laquelle, disait-on, il fera tout ce qu'il voudra ; une opposi- tion sans force contre le nombre, et réduite au rôle toujours noble de faire entendre la voix du peuple, la voix des besoins, des pro- grès, des lumières ; une armée nombreuse, commandée par ses fils, et sous ceux-ci des chefs dévoués ; dans Paris, des troupes en grand nombre, des forces vraiment imposantes ; la cordiale entente semblait exister aussi bien à l'intérieur qu'à l'extérieur ; et tout cela n'existe plus, et nous ne nous battons pas, et le car- nage n'existe pas, nous ne craignons pas pour notre vie ; un bruit généralement répandu, et dont la presse s'était occupée, faisait supposer qu'à la mort de Louis-Philippe ou au changement de règne nous aurions la guerre civile avec toutes ses horreurs, que les partis se disputeraient la victoire. Un changement de gouver- nement est arrivé, et, ce qui est pire, Louis-Philippe est chassé, et nous sommes tout comme auparavant : notre sommeil n'est pas troublé par des fusillades, des cris de mort, par des proscriptions, des meurtres et des incendies, notre réveil est le même ; au con- traire, les figures sont joyeuses, il semble qu'on est débarrassé d'un fardeau énorme, et qu'on entre dans une nouvelle vie, dans une ère de bonheur, de prospérité pour tous, et sauf ces alarmistes, dont le triste métier est de faire courir de faux bruits, notre position est d'abord la même qu'avant la révolution, puisque de nouvelles charges n'ont pas été créées, et, de plus, elle doit nécessairement s'améliorer sous l'empire de la confiance qui va bientôt renaître. »

Ce changement est vraiment incroyable, et j'étais presque un de ceux qui n'en pouvaient croire le récit, quoique j'eusse été témoin en grande partie des faits accomplis.

Plusieurs raisons peuvent être données de ce changement si subit et si pacifique. D'abord la nation était fatiguée d'un pouvoir qui n'était pas selon son cœur, étayé par une majorité fictive, corrompue, qui n'était pas appelée par les élections libres, un pouvoir qui avait résolu ce problème de représenter par la majorité de la Chambre la minorité des électeurs, et qui, loin de marcher dans la voie du progrès, tendait de toutes ses forces à l'arbitraire et, oubliant la mission qui lui avait été confiée, s'occupait plus de lui-même et des siens que de ceux qui l'avaient élevé.

Puis, c'est à la fermeté de nos représentants provisoires, qui ont su concilier tous les intérêts, ménager toutes les ressources ; à ces hommes bien pensants auxquels on doit dire, comme jadis les Romains : « Vous avez bien mérité de la patrie. » Aussi, plus que tout autre, chacun d'eux peut-il compter sur le suffrage de ses concitoyens. Ils étaient déjà connus avant ces événements mémorables, et leur conduite n'a fait qu'ajouter une couronne civique à celles qu'ils avaient méritées.

Je m'adresse ensuite aux électeurs non éligibles, à toute cette jeunesse si belle ; si passionnée pour la gloire du nom français ; à cette jeunesse appelée pour la première fois à être de quelque poids dans la balance de son pays ; à cette jeunesse qui est prête à sacrifier sa vie pour la défense de la France ; elle opposerait une muraille vivante à l'invasion des barbares qui voudraient faire passer sous le joug ce peuple valeureux, ces descendants des fiers Gaulois, qui se révoltèrent si souvent à l'idée de courber le front devant la République romaine et qui, ne le cédant qu'à la force (car ce fut César qui les dompta), attendirent l'heure du réveil pour se soulever de nouveau et conquérir l'indépendance, si chère à nos aïeux.

Je m'adresse à cette jeunesse qui voyait avec douleur notre belle France ne pas tenir la place qui lui est assignée dans le monde et courber la tête devant des peuples à la tête desquels elle doit marcher par son courage, par ses hommes de génie : peuples qu'elle doit éclairer de ce flambeau de la liberté qui jeta des lueurs si sublimes sur toute l'Europe, que les nations veulent toutes être éclairées par lui.

Comme je l'ai dit, j'ai la croyance de ne pas réussir dans mon projet, quoique ce soit une question d'émancipation de la jeunesse et de son affranchissement presque, quoique ce soit presque douter d'elle, c'est ne la croire pas jalouse de ses droits politiques ; mais je m'estimerai trop heureux si j'ai pu rendre quelques pensées, si j'ai pu être l'expression de quelques-uns des sentiments de ceux qui auront assez d'indulgence pour me lire ; si je n'ai pas ce bonheur, du moins puis-je espérer qu'on me saura gré de mes faibles efforts, qu'alors on ne regardera pas tant l'action que l'intention qui l'a fait faire. On observera aussi que ce qui m'a porté à écrire, c'est la lecture que j'ai faite d'un article de journal ci-après rapporté, le temps presse, les élections approchent, qu'on me pardonne quelques défauts, quelques erreurs ; je réclame toute l'indulgence des lecteurs.

Comme on a pu le voir par les deux articles du décret rapportés en tête de la brochure, mon intention est de chercher les raisons, non pas qui ont fait agir le gouvernement provisoire, dans la rédaction de ces deux articles, car en hommes éminents qui travaillent pour le bien de leur pays, ils ont dû peser toutes leurs paroles et ne rien faire qui ne fût pour le bien de tous ; ils n'ont pu vouloir, par cette fixation de 25 ans pour l'éligibilité, écarter un grand nombre de concurrents de la représentation ; d'abord parce que ce serait leur supposer des intentions qu'ils n'ont pas et qu'ils ne peuvent avoir, puisqu'ils ne se regardent que comme des mandataires qui n'agissent que pour leurs mandants, qui ne travaillent que pour leur bonheur ; et qui tiennent à honneur de ne rien faire qui puisse ne pas donner à la représentation nationale toute son extension ; ils n'ont pu le vouloir par un motif personnel, il serait mal de le supposer, et je ne le suppose pas, par la raison que j'ai donnée, en rappelant les services qu'ils ont déjà rendus à la France, et en disant qu'ils sont assurés du concours presque unanime des citoyens, qui ne verront dans ce suffrage qu'une juste récompense à d'aussi grands services, puisqu'ils ont su mériter une si grande confiance, qu'ils en ont imposé à ceux qui avaient une pensée coupable et qui espéraient, à l'aide du désordre, pousser à la révolte.

Mon intention est de chercher les raisons qui peuvent exclure de l'éligibilité celui qui n'a pas atteint vingt-cinq ans révolus.

Cette proposition paraît peut-être dénuée du plus mince fondement ; je ne sais comment on qualifiera mon action, peut-être la nommera-t-on absurde ; mais j'ai dit les raisons qui me portaient à écrire, et le peu de succès que j'espérais de ma tentative.

Ce décret, disent quelques articles de la presse, est attaquable sur plusieurs points, de détail je crois ; on comprend bien que cela ne me regarde pas, et qu'il s'agit d'une question de fond ; je ne sais s'ils ont entendu la comprendre dans ces articles attaquables ; je suis porté à dire qu'il n'y ont pas pensé, ou qu'ils ne l'ont pas traitée avec toute sa gravité, car, en procédant du connu à l'inconnu, j'ai sous les yeux quelque chose qui devrait m'arrêter ; en effet, je suis bien loin de compte avec un de ces articles (1) qui dit :

« Nous croyons aussi qu'il eût été sage d'admettre le même âge,
« vingt-cinq ans, pour les électeurs et les éligibles ; à vingt et un
« ans, on est encore dans les écoles, et la maturité manque à cet
« âge pour choisir les représentants d'une nation telle que la
« France. »

Et vous eussiez appelé cela la représentation nationale, telle que la veut la France, telle qu'elle l'espérait de la révolution ; avouez que ce n'eût pas été l'assemblée nationale sur de trop lar-

---

(1) Journal LA RÉPUBLIQUE, dans un article sur le décret.

ges bases, et je vous prouverai tout à l'heure que si on eût agi ainsi on eût été bien en arrière des élections dont je parlerai ; puis si l'on est encore dans les écoles à vingt et un ans, on n'y est plus de vingt et un ans à vingt-cinq dans une proportion tellement grande qu'il faille exclure tous les hommes ayant vingt-deux, vingt-trois, vingt-quatre et vingt-cinq ans, moins quelques jours ; ceux qui ne se croiront pas capables auront la sagesse de ne pas voter ; on n'ira pas, comme dans un temps de triste mémoire, les chercher chez eux, les forcer à venir déposer un vote en faveur de tel ou tel candidat, pour en faire un député ministériel. Les élections seront libres, et la nation ne peut vouloir demander à ses enfants ce qu'ils ne peuvent encore lui donner ; mais serait-il juste d'exclure des votes cette innombrable jeunesse, car c'est presque toute la véritable jeunesse celle-là, celle sur laquelle vous compterez au jour du péril ; celle qui volera sous les drapeaux si vous faites un appel au patriotisme des masses, celle qui a fait cette révolution que vous bénissez ; c'est le sang le plus généreux, le plus noble, le plus pur, et vous voulez qu'il n'ait point part aux votes, qu'il ne puisse peser un peu ce sang qu'il répandra si généreusement. « Romains, disait Curtius, sur le point de se dévouer « à la mort pour apaiser les dieux ; c'est la jeunesse qui fait la « force des États. »

J'aurais encore bien d'autres objections à faire sur cette règle de sagesse, mais il est inutile de discuter sur un point qui n'est pas contesté ; c'est, il est vrai, une pure idée de journaliste, qui, dans son sincère patriotisme, s'est dit : Il faut des hommes de paix qui cicatrisent les blessures de la France, qui s'occupent mûrement des intérêts financiers, des questions de guerre, de marine, de diplomatie, de science, d'arts et métiers, etc., et il ne faut pas des jeunes hommes qui sont encore dans les écoles et qui n'ont pas la maturité nécessaire ; il ne s'est pas arrêté à l'idée que ces jeunes hommes étaient des gloires futures ; que c'était la pépinière de la France sous tous les rapports, et qu'il s'en trouverait quelques-uns, voire même un grand nombre, capables de déposer un vote comme il en faudra ; mais, ajoutera-t-il, en divisant cette classe en capables et incapables, il y aura beaucoup plus de ceux-ci que de ceux-là ; d'accord, mais s'il y en a qui ne votent pas, ils seront aussi de ceux-ci et dans une proportion bien plus grande que de ceux-là.

Toi, belle jeunesse, te crois-tu incapable ? toi qui vainquis si généreusement pour la défense de tes droits ; prononceras-tu un oui qui serait ta honte et qui te mettrait à un degré plus bas que les étrangers dont je parlerai bientôt.

Puisque ce point n'est pas contesté, ne nous éloignons donc pas du but que je me suis proposé.

La nation française veut une représentation nationale, n'est-ce pas un des plus beaux spectacles offerts à l'univers que cette masse de 9 millions d'hommes, exerçant tous leurs pouvoirs d'hommes libres et indépendants, concourant tous par leurs votes à la représentation de leurs idées ; oui, je comprends que les peuples étrangers, désireux de la liberté, désirent être Français, qu'ils soient jaloux du sort de la France ; je conçois qu'ils envient son bonheur et qu'ils disent : « ces heureux Français ! » Mais qu'ils n'en soient pas jaloux, car le Français sait aussi quels devoirs il a à remplir, il sait que ses engagements sont immenses, que du faisceau de ses idées doit sortir la lance qui servira aux autres à faire une brèche dans le mur du despotisme, c'est de la France qu'ils attendent du secours, c'est sur elle qu'ils bâtissent des espérances ; ils sont en droit de le faire, car c'est elle qui, il y a cinquante ans, leur fit faire les premiers pas dans le chemin de la liberté, si nouveau pour les peuples modernes. Et quelle preuve plus évidente en veut-on que le tremblement universel qui agite déjà l'Europe, Cette commotion électrique, aussi rapide que la foudre, s'est déjà fait sentir au loin, et encore quelque temps et les peuples les plus éloignés répondront à ce long cri d'appel que les échos sont chargés de leur transmettre ; déjà, de tous côtés, des voix nous appellent : serons-nous sourds à leurs prières ? Faisons-leur une réponse digne du peuple français, et que ces amis, que ces frères se réjouissent de s'être chauffés à notre soleil.

Mais pourquoi faut-il que dans cette grande manifestation politique il y ait une restriction blâmable, selon moi ? pourquoi faut-il que la constitution anglaise soit, sur un point important, bien supérieure à celle que nous donne aujourd'hui le gouvernement provisoire. En effet, en Angleterre, rien n'y limite la capacité d'éligibilité, ni la fortune, ni l'âge..... Pour pouvoir être élu membre du parlement britannique, il n'est pas même nécessaire d'être électeur....., et l'on a vu sur plus d'un siége des membres âgés de moins de 20 ans.....

Pourquoi cette constitution britannique, dont un des avantages est la longue durée de son existence, est-elle supérieure à la nôtre? Ne devrait-ce pas être le contraire? l'Angleterre ne devrait-elle pas avoir à prendre quelque chose chez nous, qui naissons d'hier, en secouant le joug de toute autorité et avec des besoins nouveaux? ne devons-nous pas étendre nos désirs jusqu'aux dernières limites du possible, ne pouvons-nous faire comme nos voisins qui ne fixent pas d'âge pour l'éligibilité? Non, il n'y faut pas penser.

Je vous comprends, il y a une très-grande différence entre les Français et les habitants du royaume uni. Ces insulaires sont situés plus au nord; ils sont dans une contrée plus humide; ils sont froids, réfléchis; ils sont hommes bien plutôt que nous autres, qui ne recevons qu'une partie des chauds rayons de la brûlante Italie; ses électeurs ont la conscience de ce qu'ils font; s'ils élisent un homme de 20 ans, c'est qu'ils l'en croient capable; ils jugent que c'est un homme qui fera honneur à l'Angleterre, et partant, qui représentera dignement son pays, qui augmentera encore le nombre de leurs illustres talents oratoires. Le Français est quelque peu léger, il est moins apte aux choses sérieuses; il a plus de poésie, mais moins de fond que ses voisins d'outre-Manche; il est homme bien plus tard, et ses électeurs n'arrivent à avoir, dans la carrière politique, conscience de ce qu'ils font, qu'après de longs tâtonnements; ils craignent toujours de mal placer leur confiance et ils ne croient pas trouver chez eux des talents oratoires comme en trouvent les Anglais. — Je n'y avais pas pensé, c'est vrai : l'Anglais nous est très-supérieur, et le flegme britannique n'a pas acquis sans droit sa supériorité sur nous. A juste titre, proclamons-les donc nos supérieurs et ne les imitons pas, puisque nous ne pouvons atteindre à leur hauteur.

Ne craint-on pas, en tenant ce langage, que la rougeur monte au front de ceux auxquels on s'adresse? Ne craint-on pas de réveiller ces vieilles haines nationales qui couvent sous la cendre? Prenez garde, c'est le cratère d'un volcan. Comment, dira-t-on, les Anglais peuvent, avec leur vieille constitution, basée sur des préjugés de naissance qui nous sont inconnus, faire ce que nous ne pouvons faire avec notre nouvelle? Alors nous ne sommes pas aussi avancés qu'on le dit; quelqu'un est avant nous dans la carrière politique; suivons, suivons ce nouveau maître : il nous enseignera quelque chose.....

Mais les Anglais ne seront pas nos seuls maîtres; il y en a bien d'autres encore : le nombre des modèles à suivre dans l'antiquité est innombrable; il faudrait plus d'un volume pour rappeler tous leurs exploits.

Je vous comprends encore, le Français n'est pas un fruit bon à cueillir; il est sur le chemin qui conduit aux grands modèles; encore un peu de patience et il y arrivera.

Mais croyez-vous qu'il n'est pas arrivé? Croyez-vous l'estimer à un trop haut prix, ce peuple Français? Croyez-vous lui faire trop d'honneur, en disant qu'il peut imiter, qu'il peut surpasser tout ce qui s'est fait jusqu'alors? Non, vous ne vous êtes pas fait ces réflexions, vous qui tenez ce langage; car si vous vous les fussiez faites, vous les auriez résolues autrement que vous ne venez de le faire; vous êtes Français, vous sauriez ce que vous êtes capables de faire : eh bien! derrière vous, il y en a des milliers qui vous ressemblent, qui se croient mûrs pour la liberté, qui se disent les égaux de ces grands hommes que vous leur donnez pour modèles. Et quelle preuve en voulez-vous? Dans les guerres de ces derniers temps, qui éterniseront à jamais le nom Français; dans ces héroïques campagnes, où notre gloire militaire s'éleva à un si haut degré, n'a-t-on pas vu de ces hommes étonnants, comme il n'en apparaît qu'à de longs intervalles dans les annales des peuples, semblables à ces comètes magnifiques qui brillent au firmament à de longues distances? N'avons-nous pas de ces génies qui peuvent marcher de pair avec les plus grands hommes de l'antiquité?

Non, la France n'est pas déchue, et si elle était contrainte à le prouver....., elle montrerait qu'elle est digne de marcher à la tête de la civilisation.

Et c'est de ces hommes que vous jugez incapables, que vous ne jugez pas dignes d'être éligibles ! Je vous en prie, ne soutenez pas cette grave erreur : elle vous ferait honte aux yeux de tous.

Arrivons aux objections, et qu'on me permette une question : Pourquoi un homme de vingt et un à vingt-cinq ans ne peut-il être éligible ? Il est trop jeune, me répondra-t-on ; il ne pourrait représenter son pays aussi dignement qu'il doit l'être.

Celui auquel s'adresserait cette réponse ne prendrait certainement pas sur son soi, ou alors il faudrait qu'il eût une bien grande confiance dans son mérite, de répondre par ces sublimes paroles que le grand Corneille met dans la bouche du *Cid* :

> La valeur n'attend pas le nombre des années.

Ce langage paraîtrait empreint d'une vanité outrée ; on ne daignerait pas y répondre, on prendrait ces paroles pour une plaisanterie. C'est bon, dirait-on, pour la tragédie, et pour apprendre à nos enfants ce que pouvaient faire leurs pères ; il en est de cela, comme de ces belles théories dont la pratique est impossible, et le sublime Corneille prêtait à ses héros un caractère de grandeur, une maturité d'âge qui nous sont inconnus, ou qui, s'ils sont connus de quelques rares privilégiés, ceux-là ne peuvent atteindre si haut ; s'ils sont connus de quelques-uns, vous ne les comptez pas, puisque vous les excluez, si vous dites qu'il n'en existe pas, oh ! hommes, je vous ai déjà dit que vous ne vous étiez pas jugés avant de juger les autres, ou si vous vous êtes jugés, ce jugement n'a pas été entièrement à votre avantage. Alors vous supposez les autres comme vous êtes, ou comme vous avez été : c'est, il est vrai, le plus sûr moyen d'éviter les erreurs ; mais alors rappelez-vous qu'à toute règle il y a exception ; sans cela, pour éviter un mal, qui, dans l'espèce, n'en peut être un, comme j'essayerai de le prouver, vous tombez dans un pire, comme dit Horatius Flaccus.

On dira peut-être : il n'y a donc, à votre avis, aucune différence d'intelligence entre des hommes plus ou moins âgés ? Pour préférer l'un à l'autre, il faut cependant que les raisons soient bonnes et justes ; sans cela, pourquoi ne pas imiter cette constitution anglaise que vous avez invoquée? Pourquoi faire une exception et exiger un âge révolu ? Pourquoi n'élirait-on pas un homme de vingt ans ? Je serais de cet avis, si à toute chose il ne fallait des règles, et je n'ai pas à débattre pourquoi les Anglais accordent une si grande extension à leurs élections. Je dis vingt et un ans, parce que le Code civil qui nous régit donne à cet âge la majorité aux Français. Son article 488 dit qu'à cet âge on est capable de tous les actes de la vie civile. Alors, le Français est véritablement libre, véritablement homme ; il peut s'engager, vendre et acquérir pour lui ou pour les autres, et cela sans le secours de personne ; en un mot, il est maître de soi, il peut agir à sa fantaisie. La loi lui suppose une volonté pleine et entière, une connaissance parfaite de toutes ses actions, et une assez grande sagesse pour se conduire dans des circonstances qui peuvent quelquefois être très-épineuses. Alors il peut dire : je suis à mon pays, il peut faire de moi ce qu'il voudra, je suis prêt à lui payer mon tribut ; qu'il ordonne, et j'obéirai.

Voilà pourquoi je préfère vingt et un ans, et je crois que ma raison ne sera pas trouvée mauvaise. Puisque je me suis permis une question, qu'on m'en permette une seconde ; je m'adresse toujours à ceux qui disent : il est trop jeune.

Pourquoi ne seriez-vous pas aussi bien représentés par un homme de vingt et un à vingt-cinq ans que par ceux que le hasard a fait naître quelques années auparavant ? Parce que, direz-vous, il peut ne pas bien savoir ce qu'il faut faire pour lui-même ; à plus forte raison ne le saurait-il pas pour les autres ; vous avez plus de prévoyance, vous êtes plus sages que ces illustres jurisconsultes qui rédigèrent l'article 488. La question n'est pas la même, direz-vous, et un homme capable d'exercer les droits que lui confère la loi peut ne pas l'être pour ce qu'il faut dans l'espèce, surtout quand il s'agit de choses excessivement graves, des intérêts de son pays, quand il s'agit de mesurer le sang de nos enfants et les ressources de l'État, qui sont les nôtres ; il faut pour ces graves matières des hommes éminemment sages, versés dans la connaissance de ces choses ; des hommes graves, qui ne traiteront pas à la légère les hautes questions de finances, de guerre et de diplomatie. Je suis de votre avis, mais j'admets exception.

Je ne dirai pas que dans les élus de vingt-cinq ans il en pourra exister quelques-uns qui ne vaudront pas des hommes de vingt et un à vingt-cinq; non, il y aurait des débats de proportion, des pour et des contre, et cela donnerait à cette brochure une extension que je ne veux pas lui donner. Mais je dirai une chose qui me paraît assez juste; c'est un droit que je réclame, et l'on sait qu'on n'use pas toujours de son droit. Une chose qui me paraît assez concluante, c'est que si vous dites d'un homme de vingt et un à vingt-cinq ans qu'il ne pourra vous représenter dignement, eh! mon Dieu! vous ne lui donnerez pas vos suffrages; ce droit alors lui sera nul. Si vous craignez qu'il soit élu, vous avez tort de craindre, car un homme de cet âge, honoré de deux mille suffrages et plus, ce qui sera une preuve bien évidente que sa capacité est connue et qu'on le juge digne de porter un si grand mandat, cet homme, dis-je, vous représentera dignement; vous n'aurez point à rougir de l'avoir élu, et je crois même que, y en eût-il un d'élu, cette seule action grandira son âme; l'immense honneur qui lui sera fait lui fera comprendre la grandeur des actions qu'on attend de lui; il pourra marcher côte à côte avec les honorables citoyens qui composeront avec lui l'Assemblée nationale; pas plus qu'un autre il ne tremblera sur son siége de sénateur; peut-être même plus qu'un autre, à cause de sa jeunesse, aura-t-il présentes à l'esprit les obligations qui lui seront imposées; il grandira avec les événements, et, sûr de l'appui de ses électeurs, sûr de la justice de leurs prétentions, de leurs désirs, de leurs vœux et de l'entière connaissance de ses actions, il pourra contribuer au bonheur de son pays; il pourra, avec ses concitoyens, élever la France à son haut degré de grandeur, et un éclair de son esprit se joindra au soleil de la liberté qui doit luire au-dessus des peuples.

On a bien compris que je n'ai pas la prétention de soutenir que le degré de capacité est le même de vingt et un à vingt-cinq ans que passé ce dernier âge, mais que de vingt et un à vingt-cinq il y a d'aussi capables que passé vingt-cinq. Ce n'est donc pas une raison pour exclure ces quelques capables, s'ils peuvent réunir, comme je l'ai dit, un nombre suffisant de suffrages.

Peut-être, dira-t-on encore, un homme pourrait être revêtu de plus de deux mille suffrages, et n'avoir pas pour cela le degré de capacité nécessaire ; son élection pourrait être le résultat d'une cabale, de quelque concertation faite par un parti pour porter à l'Assemblée un homme de son choix, et cela dans le seul but de l'y voir pour contribuer au désordre ou le faire naître. Je répondrais : Il n'est pas facile, pour ne pas dire impossible, de réunir plus de deux mille suffrages sur un homme qui ne défendra pas des intérêts généraux. Puis vous dites que ce pourrait être le résultat d'une cabale ; je ne le crois pas, et vous ne le croirez pas non plus. Ce serait mal penser de ceux auxquels vous vous adresseriez, que de leur supposer une pensée aussi mauvaise ; car ils comprendront fort bien la grandeur de ce qu'ils feront ; ils sauront bien que ce n'est pas un jeu là où il s'agit du salut d'un empire. Si c'est une cabale, il faudrait qu'elle fût bien forte, et là je réponds par l'impossibilité.

Ce qui me donne encore confiance dans la bonté, dans la justice de ma cause, c'est que je m'appuie sur une autorité, non reconnue sans doute, mais que j'invoque, et je crois qu'elle ne me sera pas contestée et qu'on ne mettra pas en doute la véracité du fait, car il n'a rien d'invraisemblable ; j'ai posé cette question de capacité à quelques hommes qui, par leur instruction et l'habitude des affaires, étaient en état de la résoudre dans un sens vrai ; ils m'ont d'abord fait la réponse de tout à l'heure : « On est trop jeune. » C'était ce que je voulais. Je leur ai fait quelques-unes de mes observations, et ils ont reconnu comme moi que cette question de capacité ne pouvait être admise contre un homme qui réunirait un nombre suffisant de suffrages et auquel la capacité nécessaire serait reconnue ; car, ont-ils ajouté, nous autres hommes de vingt et un ans à vingt-cinq ans, nos opinions sont formées ; si elles ne le sont pas, nous n'en avons jamais, avec cette différence qu'un homme plus âgé est plus réfléchi ; mais si celui qui n'aurait pas vingt-cinq ans nous donnait la preuve de sa profonde réflexion, de la maturité de son raisonnement, et des justes bornes dans lesquelles il renfermerait ses opinions, l'obstacle n'existant plus, nous n'hésiterions pas à lui donner nos voix.

Si l'on se rangeait à mes observations, ce serait là donner à cette manifestation populaire son plus grand développement et supprimer un vice qui me semble exister dans l'arrêté du Gouvernement provisoire, concernant les deux articles du décret ci-dessus rapportés.

Je ne suppose pas qu'on demande des preuves autres que celles que j'ai données, car les exemples ne manqueraient pas s'il fallait prouver combien d'hommes n'ayant pas l'âge exigé aujourd'hui se sont signalés dans tous les genres et ont rendu d'éminents services à leur pays ; l'antiquité fourmille de cette jeunesse à laquelle furent décernés des honneurs presque souverains. Les républiques anciennes sont des monuments éternels de la vérité de ce fait. Le plus grand capitaine de l'antiquité et de l'univers, au dire de Napoléon, Annibal, n'avait pas vingt-cinq ans, et déjà il possédait toutes les qualités d'une politique habile et d'un guerrier accompli. Scipion avait-il vingt-quatre ans quand il fut nommé proconsul? non, et déjà il se préparait à mériter le surnom d'Africain. Faut-il parler des despotes? qui ne connaît Alexandre ; et Octave qui n'avait pas vingt ans quand il gouvernait presque toute la terre, au dire des Romains. Vous souvient-il de ce jeune Romain auquel il fut permis d'assister au sénat, à l'exclusion de tous les autres? Et dans les sciences, le nombre n'en est-il pas aussi grand? et dans les lettres, pour ne s'arrêter qu'à Virgile, le plus grand poëte de l'antiquité, il n'avait pas vingt ans quand il vint à Rome, que Mécène le présenta à Auguste.

Et pourquoi prendre des exemples chez les autres, quand nous en avons chez nous? Notre patrie n'est-elle pas assez fertile en grands hommes, en génies de tous les genres? Corneille, le grand Corneille, avait-il vingt-cinq ans quand il débuta dans ses œuvres impérissables, et Racine, et Vaucanson, et Pascal, l'illustre Pascal n'avait pas vingt ans, et déjà son nom était connu du monde entier ; sans parler de ceux qui sont nos contemporains et que nous connaissons tous. Faut-il vous parler de guerriers? qui ne connaît le grand Condé, à Rocroi avait-il vingt-cinq ans ? Et le plus grand capitaine de ces temps modernes, celui dont la France se fait et se fera toujours gloire, malgré le souvenir de son despotisme et l'anéantissement de notre liberté naissante, au siége de Toulon, Bonaparte avait-il vingt-cinq ans? non; et ce sont de ces hommes-là que vous eussiez trouvés incapables? Mais les Athéniens leur eussent élevé des autels. Vos rois n'étaient-ils pas majeurs à dix-huit ans, et à part cette supposition, qu'une exception était faite en leur faveur, et que Dieu, qui tient dans sa main puissante les trônes et les empires, leur donnait les lumières dont ils avaient besoin, croyez-vous que leur tâche n'était pas plus grande, plus difficile que celle d'un député? croyez-vous que la nature faisait une exception en leur faveur? vous ne le supposerez pas, cela sent trop la crédulité des siècles d'esclavage, et à plus forte raison vous ne le supposerez pas sous l'empire des idées nées de notre révolution.

Quel malheur! je ne puis citer à l'appui de ma cause quelques jeunes talents oratoires: les portes du temple leur étaient fermées; je me vois obligé d'aller prendre ailleurs ce qu'on ne peut me donner ici. Oui, France, tu ne peux compter de ces sortes de gloires, ce sont les seules qui te manquent; en seras-tu longtemps privée? Allons chercher sur la terre étrangère; prenons, prenons les gloires de l'Angleterre. Je jette les yeux sur ce pays qui nous sert déjà de modèle, et je vois encore l'ombre de Shéridan planer sur le dôme du parlement, Shéridan si jeune et déjà si éloquent; j'y vois Pitt, son plus célèbre orateur, l'ennemi le plus acharné contre la France; il me sied bien de rappeler son nom, dans des événements qui le rappellent d'eux-mêmes; mais s'il lutta contre nous, il nous procura aussi de belles victoires, et dans la suite de belles défaites. Honneur donc avant tout aux hommes illustres! Pitt était notre ennemi politique, mais les hommes de génie sont de toutes les patries, il nous est redevable d'une partie de sa gloire.

Pitt était-il majeur quand il siégeait sur les bancs du parlement? avait-il l'âge que vous exigez quand il était à la tête d'un puissant parti et qu'il se préparait, sous un roi faible, à gouverner un royaume, à déclarer la guerre à Napoléon jusqu'alors invincible, à commander à toutes les forces d'un puissant empire, à susciter contre nous des armées ennemies, à être l'âme de coali tion sur coalition, à tenir tête à un peuple de géants, et à lutter contre Fox, le rival digne d'un tel homme? Non. Eh bien ! qui vous dit que Dieu, dans ses décrets immuables, ne renouvellera pas les mêmes événements ? Je ne le suppose pas. Notre révolution est toute pacifique, nous n'avons pas de pensées de domination qui puissent inquiéter les peuples voisins ; nous voulons la paix avec toutes les nations, avec cette puissance maritime la première, car c'est de l'accord avec ce grand peuple que la France pourra faire sortir ces jets lumineux qui doivent éclairer les nations. Mais s'il arrivait qu'il n'en fût pas ainsi et que, pour quelque temps seulement, l'Angleterre devînt notre ennemie, profitez de cette occasion ; peut-être trouverez-vous dans ce que je propose le moyen d'opposer à l'Angleterre un ennemi digne d'elle, un rival digne de celui qu'elle nous opposa il y a 50 ans ; croyez-vous que la France ne puisse offrir aussi quelque Pitt, quelque Mirabeau ? Vous ne le supposerez pas. L'orgueil national se révolterait à l'idée d'un rang inférieur à celui de toute autre nation ; vous blesseriez profondément le cœur de la France et peut-être qu'elle en arriverait au point de faire un reproche qui, dans sa bouche, serait bien sanglant, à ceux qui n'auraient pas cédé à de justes démonstrations.

Peut-être dira-t-on pour dernière raison, la France veut la paix, la paix avec tous, et la jeunesse veut la guerre. C'est, à mon avis, la meilleure raison qui puisse être donnée et la seule sur laquelle on puisse s'arrêter sérieusement. N'oubliez d'abord pas que celui qui serait digne de vos suffrages aurait fait sa profession de foi ; s'il veut la guerre, vous sauriez à quelles conditions, et personne ne dira que pour éviter la guerre il faille accepter une paix honteuse.

C'est vrai, la jeunesse est portée pour la guerre ; peut-être est-ce parce qu'elle n'en calcule pas bien toutes les conséquences ; mais il est si beau de pouvoir dire : J'ai servi mon pays, j'ai reçu telle blessure, il me décerna telle couronne, j'étais à telle bataille ; comme nous vainquîmes, comme nous culbutâmes les ennemis ! j'en ai tué plus d'un.... un tel nous commandait ; comme il aimait le soldat !... Le troupier qui revient de l'armée conserve toujours un prestige. — On en trouvera la raison dans le patriotisme qui anime tous les cœurs. Le souvenir des brillants exploits de la République et de l'Empire a frappé et frappera longtemps encore l'esprit des Français : le prestige de la gloire militaire est toujours présent à ses yeux ; on en trouvera la raison dans la longue inaction de ce peuple guerrier, dans ce désir d'éterniser encore, s'il est possible, le nom français, de transmettre à l'histoire les noms de nouvelles batailles gagnées et les noms des chefs qui commanderaient ses phalanges ; dans la certitude que la guerre et la victoire sont les plus sûrs moyens d'obtenir l'affranchissement des peuples qu'un despotisme ne veut point leur accorder largement ; mais si elle veut la guerre, ce n'est qu'autant qu'elle y serait contrainte pour la défense de ses droits, elle veut avant tout qu'on mette sur ses drapeaux : Paix à toutes les nations ; elle sait, comme dit Fénelon, que la guerre est sonvent funeste à ceux même qui l'entreprennent avec justice ; elle fait quels désordres elle entraîne souvent après elle, quels pleurs elle fait verser : Elle veut la paix, mais elle la veut glorieuse et digne d'un grand peuple. Elle la veut, parce qu'elle croit y voir le meilleur moyen d'arriver à son but, l'émancipation générale, et que c'est dans le silence que ce grand travail s'accomplit. Elle désire la paix, parce que si elle veut voir la France glorieuse par ses armes, elle veut la voir encore plus prospère par son commerce, riche par son industrie, et quoique le sacrifice de son sang lui coûte peu quand il s'agit de le faire couler pour la défense de son pays, pour son indépendance et le maintien de ses droits, elle n'en veut pas moins lui conserver des bras pour ses manufactures ; elle ne porte point si haut la gloire militaire qu'elle ne soit prête à lui sacrifier tous les autres intérêts. Elle veut voir la France riche et populeuse ; elle veut conserver dans ses artères un sang jeune et vigoureux, et elle l'estime trop cher pour consentir à le répandre inutilement. Elle ne veut pas qu'il fasse fructifier la terre et que le soldat français, retiré dans son pays natal, nouveau Cincinnatus cultivant son domaine, heurte du soc de sa charrue les ossements d'un frère ; qu'il soit forcé de verser des larmes au souvenir de ces combats d'homme à homme dont le choc des armes ébranla sa patrie. Elle veut une paix franche et sans aucune arrière-pensée ; elle ne veut pas entendre retentir à ses oreilles le mot de coalition, ni qu'on lui impose une volonté qui ne serait pas la sienne, et qu'une paix momentanée ne soit qu'un moyen de préparer des armes dans le silence pour s'offrir à elle avec un pouvoir despotique ; malheur à ceux qui formeraient ces coupables desseins, je leur prédis par avance une vengeance terrible. La France se rappellerait qu'il est un chemin dont les sentiers lui sont connus : le chemin de la victoire. Sa mission presque divine serait encore plus fortement présente à son esprit ; elle s'en frapperait comme d'une idée fixe ; elle se rappellerait que le but qu'elle se propose est de travailler au bien-être du genre humain par tous les moyens possibles ; elle déjouerait les sourdes machinations de ses ennemis ; forte de la justice de sa cause, du droit naturel qu'elle défendrait, de la sympathie qu'elle rencontrerait sur son passage, comment ne vaincrait-elle pas ? Comment douter que les peuples ne se joignissent à elle, quand ces étrangers, voyant fouler leur sol sous les pieds de nos soldats, reconnaîtraient des frères qui viennent défendre leur propre cause ?

C'est alors que nous verrions le Français dans toute sa gloire; nous ne verrions plus de Brutus envoyer leur fils à la mort, parce que cette barbarie sublime n'est plus dans les mœurs d'un peuple civilisé ; mais nous verrions des pères exciter, s'il en était besoin, leurs enfants à la défense du pays, et les pères eux-mêmes, déjà accablés sous le poids des années, s'offrir de nouveau pleins du souvenir de leurs anciens triomphes ; le Français serait alors ce géant que les événements font grandir encore. Ce serait un de ces êtres fantastiques comme nous en voyons en rêve ; à mesure qu'ils approchent du but, ils grandissent, ils grandissent, jusqu'à ce qu'ils se soient identifiés avec lui, ils font cause commune.

Oui, la France serait encore fertile en grands hommes ; la vaillance de nos soldats ne le céderait à aucun, et nous verrions ces jours où, du choc de leur rencontre avec les ennemis, dépendrait le salut d'un empire. Les glaces du Nord fondraient bientôt sous les brûlants rayons du soleil de l'affranchissement, de la justice et du droit ; nos invincibles colonnes s'ébranleraient, la terre tremblerait

sous leurs pas ; les habitants des Alpes les verraient gravir leurs
montagnes, traînant des canons traversés à bras sur les bords des
précipices ; l'aigle chassé de son aire se lèverait au bruit des
fanfares pour leur montrer le chemin du ciel, et ces superbes pics
de glace, qui contemplent l'Europe, pour la 3e fois verraient
Annibal.

Manquant peut-être du nécessaire, aux accents patriotiques des
chants populaires, elles déborderaient dans les plaines de la fertile
Italie. Déjà passent dans leur esprit, comme de gigantesques co-
losses, les noms des victoires fameuses qu'elles ont remportées ;
elles mesurent de l'œil la hauteur des éternelles pyramides, et se
rappelleraient que du haut de leur sommet quarante siècles les contemplent ; elles n'envieraient plus le bonheur de l'ouvrier qui posa
les fondations de ces monuments impérissables, parce qu'elles
pourraient poser à leur tour une pierre dans la pyramide de la liberté, monument plus éternel encore. Oui, Arcole et Rivoli pourraient renaître. Le Français voit d'ici les fleuves témoins de ses
victoires, et dont les eaux se brisent en vagues au souvenir des
hommes héroïques qui foulèrent le sol de ses bords. Muses, chan-
tez ! Échos de l'Italie, répondez à l'appel et répétez les refrains qui
font battre les cœurs. Mais aussi elles donneraient en passant une
main à cette ville de Rome, antique capitale du monde, et premier
théâtre de la vraie liberté, car elles fraterniseraient avec elle plus
que jamais, aujourd'hui qu'elle est gouvernée par un homme qui,
malgré les préjugés et les routines, ne craint pas d'entrer dans la
voie du progrès et qui proclame le premier cette grande vérité que
la liberté vient de Dieu. Elles donneraient l'autre main à tous les
peuples en disant paix à tous, car la France ne veut pas l'anarchie
générale, elle ne veut pas le renversement des trônes ; ceux qui
peuvent avoir de telles pensées sont loin de cette justice, de cette
équité sans lesquelles rien de durable n'est possible. Elle veut le
respect des nationalités ; elle comprend aussi bien pour les autres
ce qu'elle comprend pour elle-même ; elle ne veut imposer de lois
à personne, elle ne veut prêcher que par l'exemple. Elle veut que
les rois sortent de leur léthargie, qu'ils reconnaissent qu'ils sont ce
qu'ils doivent être, uniquement occupés du bien-être des autres et que

le seul et unique devoir d'un roi est de contribuer sans relâche au bonheur de ses sujets ; qu'ils entrent dans la voie du progrès et des concessions, car l'exemple de la France leur serait pernicieux, et sans cela, qu'ils ne comptent plus sur l'amour de ceux dont ils se disent les pères, car bientôt ils sentiraient leur couronne vaciller sur leur tête et leur trône trembler, ils verraient leur sceptre tomber de leurs mains, et plus d'un à son réveil se dirait, sous l'empire d'un rêve ou plutôt d'un avertissement d'en haut : Suis-je encore roi ?..... car ils seraient sans puissance pour lutter contre l'empire des idées ; ils seraient sans force pour lutter contre leurs sujets et surtout contre cette jeunesse universelle à laquelle je m'adresse, et quelle force opposeraient-ils pour arrêter ce torrent, quelles digues capables de retenir cet élan universel ? que pourraient faire les armées ? un exemple bien récent nous le prouve ; pourraient-elles réprimer un élan qu'elles partageraient ; pourraient-elles combattre des frères qui voudraient périr pour leur bonheur ? et quel nombre y en aurait-il à opposer à cette innombrable masse d'hommes qui veulent vivre comme ils en ont le droit ? car celui qu'ils réclament c'est le plus imprescriptible de tous, le droit de l'aisance et du travail. Vous ne vous abuseriez pas sur vos forces, ce serait le comble de la folie. Comptez vos défenseurs, rois, et comptez ceux que vous voulez combattre ; fussiez-vous en nombre égal, croyez-vous qu'ils ne se battront pas avec plus de courage pour la liberté que vous pour le despotisme ; vous seriez vaincus, et au nombre de vos plus grands malheurs vous compteriez celui qui vous aurait fait sacrifier des milliers d'hommes au soutien de principes usés, puisés dans les constitutions du moyen âge, alors que les besoins des peuples n'étaient pas ce qu'ils sont aujourd'hui.

Les rois, il est vrai, ont quelque intérêt à laisser les peuples dans l'esclavage. Leur puissance est plus grande, leur volonté souveraine ; ils règnent, gouvernent et exercent un pouvoir absolu répandu dans bien peu de mains, et par cela même plus précieux, leurs désirs sont des lois, leurs volontés...... Il semble que Dieu parle par leur bouche. Ces motifs ne sont peut-être pas bien nobles pour les hommes qui se disent les envoyés de Dieu, et si l'on devait les accuser de toutes les fautes qui se commettent en leur nom, ils seraient de biens grands coupables, leurs noms devraient passer à la postérité chargés de honte et de mépris; mais comme ils sont les pouvoirs responsables, ils portent souvent un fardeau qui ne devrait pas peser sur leurs têtes; ils sont les maîtres de tous, mais souvent ils sont moindres que leurs sujets; les courtisans sont les premiers maîtres, ils exploitent l'illusion par tous les moyens possibles, sans s'inquiéter de l'orage qui gronde au-dessus de leurs têtes, et que peu leur importe, quand l'orage éclatera ils seront peut-être à l'abri, sinon, la foudre ne les atteindra pas; ils ne seront pas assez haut; la vengeance populaire s'en prendra aux rois responsables, et quand leurs trônes seront renversés, ils en demanderont la cause, ils ne la connaîtront pas; ils croiront avoir tout fait pour le bien; ils accuseront d'inconstance, même d'ingratitude les peuples sur lesquels ils régnaient; grave erreur, coupable ignorance, car s'ils connaissaient beaucoup par eux-mêmes, ils agiraient mieux sans doute. C'est alors que se fait sentir le bien de nos constitutions modernes; la majesté y est voilée, le respect est plus grand pour elle, parce qu'elle est moins en cause et qu'elle ne porte pas la responsabilité de ses actes.

Malheur aux rois qu'une aveugle puissance empêche de tout voir; dans le silence des esprits, le monde des idées travaille: c'est le métal en fusion, c'est une immense cuve dans laquelle fermentent les besoins des peuples; bientôt elle s'échauffe, elle bouillonne; la vapeur veut à toute force se frayer un passage; elle s'irrite des obstacles, cette irritation triple ses forces; déjà elle ne peut plus être réprimée, elle éclate, et, transition subite, étonnante, magnifique, ce qui avait été voulu un jour ne l'est plus le lendemain; pour n'avoir pas su saisir le moment favorable, il n'est plus temps de l'arrêter; c'est un torrent qui va tout entraîner dans son cours, et rois, trônes, sceptres, couronnes, ne sont plus que des débris fouettés par ses vagues. Plaignons l'aveuglement de ces rois qui n'ont pas connu leur mission, et qui ne l'ont appelée divine que pour cacher des actes que Dieu désavoue dans sa haute sagesse; de tristes exemples nous ont appris jusqu'où, dans leur délire, les nations peuvent s'égarer puissent-ils être toujours présents à l'esprit de ceux qui sont appelés à gouverner les peuples, non pour qu'ils les regardent comme des ennemis qu'ils doivent craindre, contre lesquels ils doivent toujours être prêts à combattre, mais pour leur donner une preuve des grands moyens que Dieu tient dans sa main puissante pour faire marcher les hommes dans le chemin des lumières et de la liberté.

Voilà quelques-unes des pensées de la jeunesse sur la guerre et la paix, et les puissances étrangères comprendront la mesure de leur réserve à notre égard par la sincérité de nos intentions ; du reste, M. Lamartine, dans son manifeste, a nettement posé l'intention de la France. Il a noblement rendu la pensée de tous ; et qu'il me soit permis, au nom de la jeunesse dont je suis un des membres, de lui dire combien il a sincèrement exprimé sa pensée; puissé-je m'être inspiré de lui, car ses nobles paroles ont été comprises de tous. Il n'est pas un de nous qui ne puisse dire en les lisant : C'est ce que j'aurais dit moi-même. Quelle poésie alliée à de grandes, de profondes pensées, et ces mots qui résument si bien un grand sens ! la liberté et la paix ne sont plus qu'un mot. La République sera désormais une vérité.

Oui, Lamartine, les nobles inspirations de ton âme ont été comprises de la jeunesse, ces élans de patriotisme pur et de gloire sont partagés ; tu l'as entraînée par ton langage plein de prophétie et de vérité. Guidée par toi, elle fera un pas de plus dans le chemin de la vraie liberté, et cela parce que ton cœur est toujours jeune et qu'il ne vieillira jamais. Tu es un de ces hommes qui suspendrait la France au-dessus du précipice si elle y avait déjà un pied. Tu vivras toujours dans nos mémoires, et ton nom sera toujours cher aux amis de la France.

Mais si cette jeunesse, malgré les idées de victoire qui fermentent toujours dans son cœur, veut la paix chez les autres, avant tout elle la veut chez elle. Elle veut que cette vérité si souvent contestée, que les peuples peuvent se gouverner eux-mêmes, soit possible ; elle ne veut pas de ce monstre qu'on nomme la guerre civile, point de ces combats où le Français reconnaît un frère dans les rangs de ceux qu'il doit combattre. Je suis saisi d'horreur à l'idée d'entendre chez nous le bruit du canon vomissant la mitraille ; chaque éclat va percer au cœur des hommes dignes de vivre pour la gloire de leur pays, pour le bien de leur famille ; j'entends les cris des vaincus, les cris des vainqueurs ; je ne sais ceux qui me font le plus de mal ; c'est un horrible concert qui ne plairait pas même aux plus mortels ennemis, tant ils seraient saisis d'horreur à la vue de ces scènes de carnage, où la voix du sang est étouffée par la barbarie, par la soif du meurtre ; alors on ne pourrait les appeler des ouvriers de la liberté ceux qui se plairaient à ces horribles scènes ; leur véritable nom serait des échappés d'enfer, des exterminateurs, aimant à se vautrer dans le meurtre et à traîner dans des ornières de boue et de sang la robe si blanche du vrai patriotisme, du républicanisme pur et de l'amour sincère pour le pays. Qu'il n'y ait pas de ces émigrations nombreuses de Français à l'étranger, c'est la fortune publique, c'est l'or de la France, c'est la sueur de ses enfants répandus sur un sol quelquefois ennemi.

Ce n'est pas, qu'à Dieu ne plaise, le doute soit possible à ce sujet ; non, nous ne verrons jamais ces journées de deuil couvrir toute la France, nos maisons marquées au signe de la vengeance, et sur nos places l'instrument de la mort en permanence, demandant sans cesse de nouvelles victimes ; nos oreilles ne seront point effrayées du retentissement de la hache sur le billot et nous ne verrons jamais traîner au supplice des hommes dont le seul crime serait l'amour du vrai patriotisme, l'horreur des excès, le désir du bien-être général, sacrifiés à la haine personnelle de quelques hommes ayant oublié leur véritable devoir et ayant ignoré qu'opprimés les peuples ne sont pas soumis.

Qu'il n'y ait donc pas de victoires entre nous ; cela annoncerait des vainqueurs, et les vaincus craindraient toujours d'entendre sortir de la bouche de leurs oppresseurs ces paroles de Brennus : Mort aux vaincus. Car alors le drapeau de la France ne serait plus ce qu'il est, sa seule vue ne ferait plus battre les cœurs, ne réveillerait plus dans tous l'amour de la patrie ; ce serait un lugubre crêpe noir qu'on promènerait partout, souillé du sang le plus valeureux, et ceux auxquels nous le présenterions croiraient toujours y voir un signe de mort.

Rallions-nous donc franchement au gouvernement provisoire ; sa modération et sa sagesse nous donnent la mesure de la confiance que nous devons avoir en lui. Attendons l'Assemblée nationale ; cette voix de la France se fera bientôt entendre, elle nous dira ce qu'il faut que nous fassions ; elle demandera la république, il n'y a pas à en douter. Soyons de francs républicains, n'ayons d'autre point de vue que le bien-être de tous, la justice pour tous, l'admission de tous aux charges de l'État, chacun selon ses capacités ; une juste répartition des emplois ; que le mérite et non la faveur préside à leur occupation ; du travail et de la liberté pour tous, plus de paupérisme ; qu'elle soit guérie en France, cette lèpre qui ronge l'humanité ; que la religion soit respectée : c'est un signe précurseur des plus grands maux que le reniement de ses dogmes, la profanation de ses temples, le bannissement de ses ministres ; ce serait une preuve bien certaine que le Dieu de la France ne serait plus avec elle, et qu'il l'abandonnerait à une triste destinée.

Quel spectacle, sans cela, offririons-nous à l'univers ! Combien nos ennemis blâmeraient nos idées libérales ! combien se réjouiraient-ils de n'avoir pas subitement marché sur nos traces ! La crainte de voir des malheurs dans leur patrie leur ferait resserrer de plus en plus les nœuds qui les unissent au despotisme. Comme ils riraient ! Voyez-vous ce sourire sardonique qui plisse leurs lèvres ? Entendez-vous comme ils disent d'un air de profond dédain : Pauvre France ! Comme nous ferions faire un pas en arrière à la civilisation ! Quelles années de perdues ! Nous aurions manqué notre but, nous n'eussions point reçu de mission d'en haut, et la France ne pourrait plus marcher à la tête de la civilisation, elle ne pourrait plus dire qu'elle possède le flambeau qui doit éclairer l'univers, et l'on pourrait lui prédire par avance un asservissement bien plus grand que celui qu'elle a voulu éviter ; elle en arriverait à ce point qu'elle ne pourrait plus se conduire, et qu'il ne lui resterait plus qu'un refuge, ou de passer sous le joug, alors de se laisser imposer une volonté, ou de se jeter dans les bras de quelque homme, grand génie sans doute, et peut être digne d'un aussi beau choix, qui, usant de sa position, de son nom rendu populaire, de votre faiblesse de volonté, vous imposerait de nouvelles lois, et vous ferait perdre le fruit de cinquante années de travail.

Dans le cas contraire, c'est-à-dire en acceptant franchement et sincèrement la république, quel beau spectacle offririons-nous ! Un peuple libre, se gouvernant lui-même ; au dehors, respect, puissance ; à l'intérieur, ordre, commerce et bien-être ; personne n'enviant le sort d'un autre peuple : au contraire, le nôtre envié de tous ; et, sous l'empire de cette paix, quelles améliorations immenses introduites dans toutes les parties du corps social ! quelle lumière répandue dans la grande artère de la France ! La langue est impuissante à retracer le bien-être général qui s'opérerait. Et l'agriculture, si arriérée, en honneur ; et les arts et les sciences florissants, et le peuple français le plus heureux de la terre, et l'instruction répandue partout sur une grande échelle dans les villes et surtout dans les campagnes ! Croyez-vous qu'il n'y a pas eu là, enfouies dans les ténèbres de l'ignorance, des générations d'hommes célèbres qui eussent fait la gloire de la France, qui eussent contribué à son bien-être, à sa grandeur et aussi au progrès des lumières ? C'est alors que les peuples voisins envieraient notre sort, qu'ils seraient jaloux de notre prospérité, qu'ils redoubleraient d'efforts pour conquérir ce que nous posséderions ; alors qu'on dirait par toute la France : Heureux comme un Français ; alors qu'on s'estimerait heureux de vivre, et qu'on plaindrait ceux qui n'auraient pas été témoins de cet heureux temps ; alors que les peuples, ayant à leur tour conquis leur liberté, pourraient dire : C'est à l'exemple de la France ; nous avons marché dans le chemin qu'elle a découvert, qu'elle a suivi jusqu'au bout ; c'est à son flambeau que nous nous sommes éclairés; il ne nous a pas égarés. Et dans la nuit des temps, quelle gloire pour le nom français ! Comme les hommes qui auront travaillé à ce bien-être seront fameux ! Ils n'auront de rivaux que les sages de la Grèce, et leurs noms seront écrits sur nos marbres de Paros au temple de la Gloire !

Tous ces avantages sont encore possibles dans un autre cas en effet; l'Assemblée nationale, qui aura toute notre confiance, qui sera un second nous-mêmes, peut ne pas opter pour la République, si la France veut un roi. Il y a certitude que non; car je ne sup-

posé pas qu'elle veuille une autre forme de gouvernement que la
République ; elle comprendra que c'est le seul actuellement possible ; que ce mot de roi réveillerait des partisans, et que ce n'est
pas après avoir brûlé tant de trônes que la France voudra en con-
struire un nouveau ; mais le domaine de la supposition est grand,
qu'on me pardonne d'en user ; si je ne parlais qu'à cette ville de
Paris, si patriote, et qui a le si beau privilége de voir accepter ses
mouvements révolutionnaires par toute la France, et d'être le cœur
d'un corps dont tous les départements sont les membres, je ne
ferais pas cette supposition ; mais les traditions de la province sont
plus enracinées ; elle n'assiste pas, comme nous, à toutes ces grandes représentations qui vont découvrir la seule route possible à
suivre pour l'avenir ; elle n'en croit que faiblement les récits, car
l'on n'est généralement bien sûr des choses que quand on les a
vues ; et, sous l'empire de cette ignorance, de cette crainte de
l'avenir, de ces scènes de 93, elle peut parler de royauté comme le
plus sûr moyen, selon elle, d'arriver à la paix.

Ce mot de roi, constitutionnel s'entend, sonne mal à nos oreilles,
habituées depuis quelque temps à entendre celui de République ;
il porte avec lui l'idée des abus, des préjugés, des soumissions ; il
nous blesse profondément ; nous le repoussons de toutes nos forces ; mais cependant, il n'est pas encore comme celui d'empereur,
et quoique celui-ci nous rappelle l'apogée de notre gloire militaire,
il porte encore plus avec lui l'idée du despotisme et de l'arbitraire.
Beaucoup ont dit que la République était impossible en France ; ils
en ont donné plusieurs raisons : je n'en donnerai pas de nouvelles,
car je n'en ai pas ; je dirai seulement, avec M. de Lamartine, que,
quoi qu'ils en disent, elle sera désormais une vérité, et ils recon-
naîtront sans peine leurs erreurs. Mais, enfin, si, au dire de la majorité de l'Assemblée, la France, Paris excepté, voulait un roi : à
l'Assemblée nationale à offrir celui qui offrirait les avantages atten-
dus ; qui, sous l'empire de lois sincèrement exécutées, pourrait
rendre la France heureuse ; un roi dont les pouvoirs soient tellement restreints qu'il ne puisse jamais avoir la coupable pensée de
les étendre, ni de sortir de la sphère qu'on lui aurait tracée ; à elle à
choisir celui qui pourrait offrir les meilleures garanties de grandeur

à l'extérieur, de paix, de stabilité à l'intérieur ; qui pourrait marcher de pair avec les premiers monarques du monde, et qui donnerait à la France le rang qu'elle doit occuper dans la hiérarchie des puissances ; par ces mots : Appelé au trône par la volonté du peuple français, on lui donnerait la mesure de ses engagements, de ses promesses et de leur sincérité ; il aurait toujours présent à l'esprit l'exemple de ses prédécesseurs ; l'expérience ne lui manquerait pas, et il saurait combien il en coûte de ne point suivre le progrès des lumières ou de ne point tenir à sa promesse. Mais alors que le parti qui verrait tomber ses espérances se soumette, qu'il reconnaisse que Dieu a parlé par la voix du plus grand nombre, et que de coupables pensées ne lui viennent pas à l'esprit ; car, non-seulement les avantages seraient perdus en grande partie, mais nous verrions revenir cette guerre civile qu'on ne peut que trop éviter ; étant le plus faible, il ne serait pas le vainqueur probablement ; il serait cause de l'effusion du sang, de la paix troublée, peut-être de la division de la France, et de l'entrée sur notre belle patrie de ces armées étrangères, dont la vue blesse si profondément le cœur de tout bon Français ; alors il céderait à des ennemis ce qu'il n'aurait pas voulu céder à des frères ; il aurait demandé la liberté, il n'aurait pu la vouloir pour lui et pas pour les autres ; il ne pourrait vouloir être du nombre de ceux qui réclament le plus vivement la liberté, et qui ne sont pas les plus généreux pour l'accorder aux autres ; ce serait lui prêter des intentions qu'il n'a pas, et supposer son cœur accessible aux plus mauvaises passions humaines ; de plus, il aurait à se reprocher la mort de ses frères, et dans l'histoire, au lieu d'avoir son nom écrit dans une de ses plus belles pages, il serait ignoré, au lieu d'avoir part aux éloges adressés à tous les vrais amis de leur pays ; il trouverait sa condamnation dans ces mots qu'écrirait sa propre conscience : Qui fut rebelle à la France et qui fit verser le sang de ses enfants.

Il n'en sera pas ainsi, notre République a été proclamée par tous, aussi bien à Paris que dans la province, nous n'aurons point de guerre civile, la majorité des Français, à part les belliqueux exemples de leurs pères qui se passionnaient si noblement pour le soutien de tels ou tels rois, de tels ou tels prétendants, parce qu'ils croyaient trouver en eux le bonheur que la République peut leur donner ; cette majorité, dis-je, est peut-être un peu indifférente en politique, elle veut la paix, le bonheur, l'aisance, le travail et plus de misère. La République seule peut lui donner tout cela. Si elle ne le croit pas encore, le temps est proche où notre Gouvernement aura prouvé par son calme, par son éloignement des excès, que la République est désormais une vérité.

Oui, faisons que ce mot de République ne soit une horreur que pour ceux qui voudraient brider notre liberté, notre nationalité et étouffer ce germe puissant qui pousse sur le sol de la France ; il faut que, semblable au cèdre du Liban, il s'élève fier, calme et magnifique. Le voyez-vous, cet arbre de la liberté? ses racines sont profondes dans le sol, il est destiné à braver les siècles ; sa séve, toujours jeune, le fera grandir encore, et les tempêtes politiques batteront en vain sa cime toujours verte.

Voilà, j'en suis certain, quelques-unes des pensées de la jeunesse, de cette jeunesse exclue du nombre des citoyens appelés à représenter la France, voilà quels sentiments elle apporterait dans cette enceinte, dont les portes ne lui sont pas encore ouvertes, parce qu'on la juge incapable d'émettre une opinion raisonnée, juste et de plus conforme aux vœux de ceux qui lui donneraient leurs suffrages.

Si ce ne sont pas là les hommes qui peuvent vous représenter dignement, si ce ne sont pas là les sentiments patriotiques que vous demandez, quels autres faut-il avoir? y en a-t-il de plus grands, de plus beaux, de plus exempts de fanatisme et d'exaltation, qui soient plus en harmonie avec la grandeur de la France, qui soient plus l'expression de la pensée de tous? S'il y en a, je ne les connais pas, et plaignez-moi, je ne les connaîtrai peut-être jamais ; car celui qui à vingt-deux ans n'a pas encore le cœur français, je crois pouvoir dire qu'il ne l'aura jamais, si ce ne sont pas là les hommes qui puissent vous représenter dignement, parce qu'il n'ont pas l'âge ; avouez que cette fixation d'âge n'est qu'une règle sans beaucoup de fondement, elle a été inspirée dans une pensée d'ordre et pour que les opinions des citoyens membres fussent bien assises et bien connues, et que si ces mêmes avantages peuvent se trouver réunis dans un homme plus jeune, il ne faut pas l'exclure.

J'espère qu'on reconnaîtra la justice de ma demande et que tout Français, âgé de vingt et un ans, jouissant de tous ses droits civils, et honoré de plus de deux mille suffrages, pourra siéger au milieu des citoyens chargés de représenter la nation. Et si le Cynéas de quelque nouveau Pyrrhus était admis dans cette enceinte, malgré la jeunesse de quelques membres, il la prendrait aussi pour une assemblée de rois.

Espérons que le gouvernement provisoire comprendra la grandeur du droit que nous réclamons, qu'il n'oubliera pas qu'il n'est ce qu'il est que par la volonté du peuple, qu'il doit n'avoir d'autre volonté que celle de tous, autrement il serait plus despote que les gouvernements contre lesquels il s'élève, et qu'il ne refusera pas de se rendre à de justes réclamations ; d'ailleurs que peut-il craindre, ce ne peut plus être la question de capacité après les preuves que j'ai données ?

Qu'on me pardonne ce que je vais dire, je crois devoir à mes lecteurs cette légère explication, quoique cependant il répugne toujours à parler de soi ; on demandera peut-être quelle a été mon intention en écrivant cette brochure. J'ai dit plus haut ma pensée, c'est uniquement pour protester contre une exception qui ne me paraît pas juste et pour que cette jeunesse qui fait la force de l'État ait le droit de compter au nombre des représentants quelques-uns des siens qui auront été jugés dignes de cet honneur, car on ne supposera pas que j'aie voulu par là briguer quelques suffrages ; si j'étais quelque ancien député, pair ou magistrat, savant ou homme de lettre et de plus ayant l'âge exigé, je tiendrais certainement à grand honneur d'être revêtu de ce mandat, je le désirerais sincèrement, quoique les qualités qu'il exige soient bien grandes et qu'aucun ne puisse se prévaloir de les posséder toutes : si j'étais quelqu'un de ces hommes ayant pu rendre à ma patrie quelque service, ayant contribué au progrès des lumières, et commencé à m'acquitter envers elle d'une partie du tribut que nous lui devons tous, je comprendrais dis-je que cette prétention eût quelque fondement, mais je ne suis rien de tout cela : je n'ai donc aux yeux de tous aucun titre, et si j'en ai un il est commun à tous les Français ! un amour sincère pour la France, le désir de la voir grande et belle comme il convient à une patrie qui s'est ébranlée si souvent pour conquérir sa liberté, comme il convient à des hommes, que les lumières, les sciences et les gloires militaires placent au rang des plus grands peuples de la terre.

Choisissons donc des hommes indépendants dont les opinions nous soient connues, animés d'un amour sincère pour la France, qui aient fait connaître leurs opinions, et que par le résultat seul des élections on puisse facilement prévoir ce qui arrivera ; des hommes sur lesquels nous puissions compter sans arrière-pensée, qui n'aient d'autres soins que le bien-être des classes envers lesquelles la fortune a été ingrate, qui n'écoutent pas cette politique de famille qui consiste à ne placer que les siens : et n'est-ce pas encore dans la jeunesse qu'on trouverait cette indépendance si nécessaire à l'accomplissement d'un si grand mandat, elle n'a point d'intérêts si nombreux, et de plus elle comprend quelquefois mieux les besoins des autres, car qu'y-a-t-il qui fasse plus saigner son cœur que ces spectacles de misères qui affligent les peuples et encore plus ses frères, et si le gouvernement fait droit à ma juste demande, comme j'ose l'espérer, si toutes ces qualités sont réunies dans un jeune homme, votons, votons pour lui, il serait si beau de voir le député de la jeunesse de Paris, jeunesse qui pourrait dire qu'elle est l'expression de celle de France.

Mettons-nous en garde contre ces pessimistes politiques, dont le désordre est le seul but, qui poussent aux excès dans l'espérance d'un changement nouveau. Ils veulent un roi, mais, ne trouvant pas le moment opportun, crient : Vive la République ! plus fort que les autres ; ils poussent à l'arbitraire, ils se font au besoin les défenseurs du peuple, ils se rendent même populaires. Préférons plutôt ceux qui seront ouvertement contre nous : un ennemi en face est souvent combattu à armes égales, tandis que s'il est caché, il vous donne des coups dans l'ombre, il vous fait des blessures profondes ; l'obscurité vous empêche de voir le sang de votre plaie, et quand vous l'apercevez, il est trop tard. D'autres, sous de faux dehors, cachent l'âme d'un traître ; ils ne veulent le désordre que dans un but personnel ; ils sont encore plus à craindre que les premiers, car ceux-ci travaillent encore dans un but, pour une opinion quelconque, pour des préjugés peut-être, tandis que ceux-là travaillent dans un but personnel. Ils ne savent pas ce que c'est que de travailler pour les autres ; ils n'ont point à cœur la gloire, la grandeur de la France ; ils ne sont pas Français, renions-les ; ils flattent le peuple pour s'en faire un appui au moyen duquel ils bravent beaucoup de choses ; ils mentent impunément, et dans ce chaos d'opinions diverses, d'intérêts différents, combien il est difficile de trouver ce qui est bon. C'est là qu'il faut tout son bon sens. Ne confions pas notre barque politique à des hommes semblables à un batelier qui, ne pouvant maîtriser les flots sur le point de l'engloutir, abandonne les passagers à leur sort et s'enfuit à la nage, — après avoir reçu le prix du passage.

Que les hommes sincèrement amis de l'ordre, de la liberté, se lèvent, qu'ils marchent, qu'une coupable indifférence ne leur puisse être reprochée, qu'ils ne voient pas sans honte des scènes de désordre commises sous leurs yeux et dont ils seraient responsables ; que des Français, qu'un excès de patriotisme et des opinions exaltées peuvent induire en erreur, ne dictent pas des lois ; ils sont nos frères, plaignons-les sincèrement ; mais tendons-leur une main de fer qui mette un frein à leurs coupables penchants, empêchons-les de tomber dans l'abîme, et plus tard, quand l'effervescence de l'ambition sera passée, ils vous sauront gré de ce secours. Que dans l'Assemblée les votes soient libres, et qu'on ne voie pas, comme à une époque de triste mémoire, une minorité faible, mais exaltée, en imposer à une forte majorité ; que des hommes courageux résistent ; qu'il y ait un homme qui fasse entendre ces sublimes paroles de Mirabeau : « Nous sommes ici par la volonté du peuple, nous ne céderons qu'à la force des baïonnettes. »

Les élections approchent ; préparons-nous, le temps nous presse, et si le gouvernement provisoire croit, dans sa sagesse, devoir les reculer, qu'il les recule ; qu'il ne craigne point d'outrepasser ses pouvoirs ; ce qui sera fait pour le bien lui méritera de nouveaux suffrages et de nouveaux droits à notre *reconnaissance*. Qu'il ne craigne pas qu'on lui dise que ce serait dans un but coupable,

pour influencer les élections. Le nombre de ceux-ci en serait bien pe-
tit, comparativement à la masse innombrable qui l'applaudirait ;
et un pouvoir, même provisoire, qui a pour président un homme
aussi vénérable que Dupont (de l'Eure), peut agir sans crainte.

Ayons une entière confiance dans l'avenir ; dissipons ces craintes
chimériques qui ne sont que pour les esprits faibles, et qui seraient
très-habilement exploitées par ceux qui auraient quelque intérêt à
le faire. Qu'on ne craigne pas cette partie généreuse de la population qu'on nomme ouvrière ; elle a donné une preuve de sa réserve
pendant ces grands jours ; elle se glorifie hautement et à juste titre
de former la grande majorité de ce peuple parisien qui brava la
fusillade. Elle a presque seule accompli ce grand événement, elle
ne perdra pas le fruit de sa victoire, elle ne se laissera pas abuser.
Si elle est incertaine sur sa règle de conduite, qu'elle consulte son
cœur, il ne manquera pas à l'appel, il l'inspirera. C'est à tort qu'on
la croit animée de haine contre d'autres classes , parce qu'elle a
commis quelques petits excès dans l'enivrement de sa victoire : ce
sont des maux inhérents à ces grands mouvements.

Non, elle n'a point de haine, et la preuve, c'est qu'elle serait la
première à dire à ceux qu'on ose lui donner pour ennemis : nous
sommes tous frères, nous sommes tous Français, nous ne voulons
de vous qu'une chose, contribuez à nous rendre heureux, vous
êtes riches, faites que la misère ne nous fasse pas trop rappeler la
grande bonté de la fortune à votre égard et l'oubli dans lequel
elle nous a laissés ; vous êtes riches, contribuez par votre fortune
à secourir les malheureux ; si vous y perdez un peu, ne versez
point de larmes, nous ne devons maintenant pleurer que pour les
morts ; qu'une coupable avarice ne vous fasse point amasser trésor
sur trésor, faites travailler, profitez du luxe que vous pouvez avoir,
et nous serons heureux, nous vous bénirons ; nous ne vous dirons
pas que la force est de notre côté, que nous en pouvons faire
usage, que nous n'avons qu'un mot à dire pour être de nouveau
vainqueurs ; non, ce mot, nous ne le dirons pas, il serait indigne
de nous, il souillerait notre victoire, il prouverait l'injustice de
notre cause ; nous ne le dirons pas, ce serait supposer que vous

ne répondrez pas à notre appel et que vos cœurs seraient froids au tableau de nos misères, de nos besoins, et parce que nous avons la certitude que vous prendrez l'initiative et que, chacun selon votre pouvoir, vous contribuerez à notre bonheur, et que vous agirez pour nous, comme vous voudriez qu'on agit pour vous.

Voilà sa pensée, au peuple, ne le craignez donc point ; il faut qu'il soit heureux, parce qu'il doit l'être ; il est juste, il ne demande pas ce qu'on ne peut lui donner, il met dans son langage cette franchise énergique, qui peint avec force les sensations de son âme ; il ne connaît point les détours, il dit ce qu'il pense, il exprime ce qu'il veut, et cela sans cacher une arrière-pensée. C'est quelquefois l'homme que la fortune a privé de quelque instruction, mais aussi c'est l'homme presque primitif, tel que Dieu le créa, ne demandant que ses justes besoins.

L'œuvre la plus importante de notre siècle va s'accomplir, le patriotime est en éveil dans tous les cœurs. Tous les yeux sont fixés sur la France ; que de vœux sont adressés chaque jour pour elle ! répondons-y dignement.

Oui, jeunesse allemande, jeunesse italienne, jeunesse de toutes les nations, population frémissante, le tocsin vient de sonner, mais non ce lugubre tocsin d'alarme qui annonce des meurtres, des pillages, des incendies : c'est la communauté des pensées, des devoirs, des besoins qui fait entendre sa voix, resserrons tous de plus en plus les nœuds qui nous unissent ; que toutes les rivalités soient anéanties, notre cause est commune. Cimentons notre alliance, rivons cette chaîne de cœurs qui battent tous pour la liberté ; prenons-nous tous la main, serrons, serrons fort et crions tous : Vive la Liberté ! Vive la France !

Et nous, Français, que chacun dise avec Cicéron, dans sa défense de Milon : « Que mes concitoyens vivent heureux, qu'ils vivent dans la gloire et dans la sécurité ; qu'elle soit heureuse, qu'elle soit florissante, cette République ! Cette patrie adorée, quelque traitement que j'en reçoive, que mes concitoyens y jouissent d'un repos qui sera mon ouvrage. »

France ! si nous avons un bras pour te défendre, nous avons aussi un cœur pour te chérir !

CONSTANT-DEVAUX.

Paris, le 18 mars 1848.